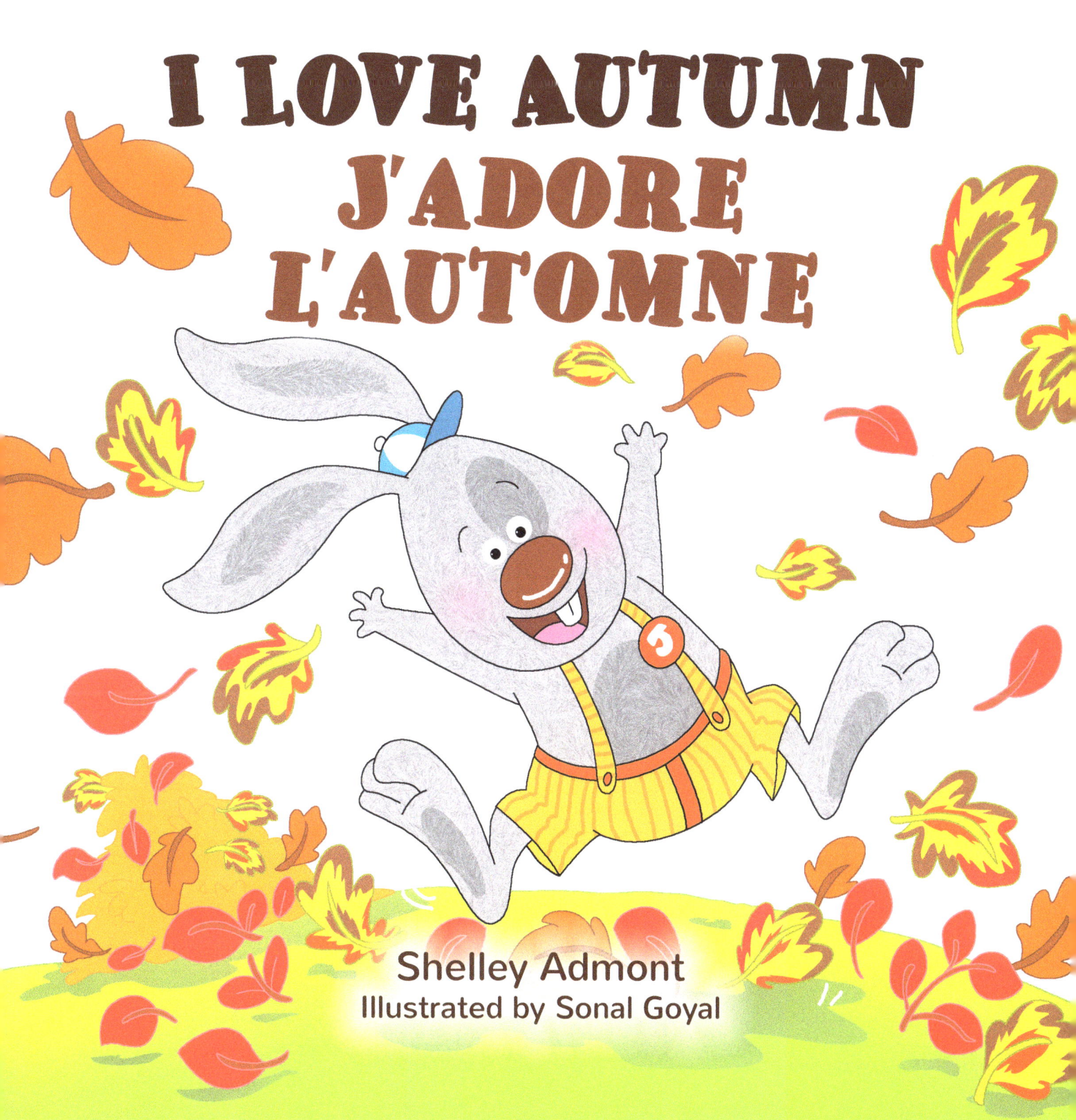

I LOVE AUTUMN
J'ADORE L'AUTOMNE

Shelley Admont

Illustrated by Sonal Goyal

www.kidkiddos.com
Copyright ©2019 by KidKiddos Books Ltd.
support@kidkiddos.com

Translated from English by Sophie Troff
Traduit de l'anglais par Sophie Troff
French editing by Laëtitia Eliezer
Révision en français par Laëtitia Eliezer

Library and Archives Canada Cataloguing in Publication
I Love Autumn (English French Bilingual Edition)/ Shelley Admont
ISBN: 978-1-5259-1873-5 paperback
ISBN: 978-1-5259-1874-2 hardcover
ISBN: 978-1-5259-1872-8 eBook

Please note that the French and English versions of the story have been written to be as close as possible. However, in some cases they differ in order to accommodate nuances and fluidity of each language.

Jimmy, the little bunny, was sitting beside the river.

Jimmy, le petit lapin, était assis au bord de la rivière.

It was an autumn afternoon and everything around him was dressed in orange, his favorite color.

C'était un après-midi d'automne et la nature autour de lui se parait d'orange, sa couleur préférée.

He loved orange carrots, the orange sunsets and the beautiful orange leaves.

Il aimait les carottes orange, les couchers de soleil orange et les belles feuilles orange.

"Come, Jimmy," called his oldest brother, "let's throw leaves into the river and see whose leaf will move faster!"

– Viens, Jimmy, l'appela son frère aîné. On va jeter des feuilles dans la rivière et voir laquelle ira la plus vite !

"What leaf do you choose?" asked his middle brother.

– Quelle feuille choisis-tu ? demanda son frère cadet.

"I'll take this big orange one," said Jimmy, picking up the leaf from the ground.

– Je vais prendre la grande qui est orange, dit Jimmy en ramassant la feuille par terre.

"Mine will be red," added his oldest brother and took a bright red leaf.

– La mienne sera rouge, ajouta son frère aîné en prenant une feuille rouge vif.

The middle brother looked around and picked up a beautifully-colored leaf. It was yellow, red and brown.

Le frère cadet regarda autour de lui et ramassa une feuille d'une jolie couleur. Elle était jaune, rouge et marron.

"One, two, three ... throw!" yelled the oldest brother and all three bunnies threw their leaves into the water.

– *Un, deux, trois... lancez ! s'écria le frère aîné et les trois petits lapins jetèrent leur feuille dans l'eau.*

The leaves floated slowly down the river, while the happy brothers chased them along the riverbank.

Les feuilles descendirent lentement la rivière, tandis que les frères, heureux, les suivaient le long de la berge.

"Now let's make a huge pile of leaves," suggested the oldest brother.

– Maintenant, faisons un énorme tas de feuilles, suggéra le frère aîné.

"And then jump in it!" exclaimed Jimmy happily.

– Et on sautera dessus ! s'exclama joyeusement Jimmy.

Yes, he loved autumn more than any other season. There were just so many fun things to do.

Oui, il aimait l'automne plus que toute autre saison. Il y avait tellement de choses amusantes à faire.

They started to pile up leaves. The oldest brother brought a few red leaves and the middle brother added yellow ones.

Ils se mirent à entasser les feuilles. Le frère aîné apporta des feuilles rouges, et le frère cadet ajouta des feuilles jaunes.

Jimmy picked up all the orange leaves he could find and put them on top of the pile.

Jimmy ramassa toutes les feuilles orange qu'il pouvait trouver et les posa sur le haut du tas.

"One, two, three ... jump!" yelled the oldest brother and the three bunnies hopped into the pile.

– Un, deux, trois... sautez ! s'écria le frère aîné et les trois petits lapins sautèrent sur le tas.

They rolled through the leaves and threw them up in the air.

Ils se roulèrent dans les feuilles et les lancèrent en l'air.

All the orange, yellow and red leaves flew all over the place.

Toutes les feuilles orange, jaunes et rouges volèrent partout.

"I love the smell of the leaves," smiled Jimmy, sinking deeper into the pile.

– J'adore l'odeur des feuilles, sourit Jimmy en s'enfonçant plus profondément dans le tas.

Suddenly it became dark. A big drop landed on Jimmy's forehead.

Soudain, le ciel s'assombrit. Une grosse goutte atterrit sur le front de Jimmy.

The oldest brother looked up at the sky. "We'd better get home before we get wet," he said.

Le frère aîné regarda le ciel.
– On ferait mieux de rentrer avant d'être trempés, dit-il.

"One, two, three ... run!" he yelled, and the brothers started racing towards home.

– *Un, deux, trois... courez ! cria-t-il et les frères se mirent à cavaler vers la maison.*

Jimmy began running too, but stopped when he saw some colorful leaves on the ground. He started to pick them up.

Jimmy courait lui aussi, mais il s'arrêta quand il vit les feuilles colorées sur le sol. Il se mit à les ramasser.

"Let's go, Jimmy ! It's raining! What are you doing there?" asked the oldest brother.

– *Allons-y, Jimmy ! Il pleut ! Qu'est-ce que tu fais là? demanda le frère aîné.*

"I'm just picking some beautiful leaves for Mom," answered Jimmy. "I'm coming."

– Je ramasse des jolies feuilles pour maman, répondit Jimmy. J'arrive.

Just as the two oldest brothers ran into the house, heavy rain began pouring down. Jimmy was behind, still picking up leaves.

Au moment où les deux grands frères se précipitèrent dans la maison, une grosse pluie se mit à tomber. Jimmy était encore dehors, en train de ramasser des feuilles.

He got wet from the tips of his ears to the bottom of his toes. Even his little tail got wet, but it didn't bother him.

Il était trempé du bout des oreilles au bout des orteils. Même sa petite queue était mouillée, mais ça ne le dérangeait pas.

He had lovely leaves for Mom in his hands, and that made him happy.

Il avait de jolies feuilles pour maman plein les mains et ça le rendait heureux.

"Mommy ! Mommy !" he yelled with excitement as he ran into the house.

– Maman ! Maman ! s'écria-t-il excité en entrant dans la maison.

Mom was sitting on the couch in the living room.

Maman était assise sur le canapé du salon.

"These are for you!" Jimmy exclaimed, jumping through the room and leaving puddles on the floor.

– Elles sont pour toi ! s'exclama Jimmy en sautillant dans la pièce, laissant des flaques d'eau sur le sol.

"Oh, my sweetie! Thank you! They are so pretty," said Mom.

– Oh, mon chéri ! Merci ! Elles sont très jolies, dit maman.

"But aren't you cold, Jimmy? Look at your ears, they are all wet, and your tail too!"

– Mais tu n'as pas froid, Jimmy ? Regarde tes oreilles, elles sont toutes mouillées, et ta queue aussi !

"I'm not ... achoo!" Jimmy sneezed loudly.

– Je n'ai pas... atchoum ! éternua bruyamment Jimmy.

"Bless you!" said Mom. "I think you should change out of your wet clothes and put on this warm orange sweater I knitted for you. The evenings are becoming chilly now."

– À tes souhaits ! dit maman. Je pense que tu devrais enlever tes vêtements mouillés et enfiler ce pull chaud orange que j'ai tricoté pour toi. Les soirées sont fraîches maintenant.

Jimmy put on his new orange sweater. His middle brother got a new green sweater and his oldest brother got a blue one.

Jimmy enfila son nouveau pull orange. Son frère cadet reçut un nouveau pull vert et son frère aîné un pull bleu.

Soon all the family gathered in the living room, looking at the rain through the large window.

Bientôt, toute la famille se rassembla au salon et regarda la pluie tomber par la grande fenêtre.

"It's so sad," said Jimmy, watching the wet leaves blowing in the wind. "Now we can't play outside. What are we going to do?"

– *C'est trop triste, dit Jimmy en voyant les feuilles mouillées virevolter au vent. Maintenant, on ne peut plus jouer dehors. Qu'est-ce qu'on va faire ?*

"We can make a delicious apple pie together," suggested Mom.

– *On peut faire une délicieuse tarte aux pommes ensemble, proposa maman.*

"Or we can read a book," added Dad.

– *Ou on peut lire un livre, ajouta papa.*

"I would rather do a puzzle," said the middle brother.

– *Je préférerais faire un puzzle, dit le frère cadet.*

The oldest brother thought for a moment. "What if we do all those things?" he exclaimed.

Le frère aîné réfléchit un moment.
– *Et si on faisait tout ça ? s'exclama-t-il.*

"That's a wonderful idea," said Mom nodding. "Let's start with an apple pie. I'll bring my recipe book."

– C'est une idée merveilleuse, dit maman en hochant la tête. Commençons par la tarte aux pommes. Je vais prendre mon livre de recettes.

They all got to work. Mom and Dad cut up big red apples and the brothers mixed flour and butter.

Ils se mirent tous au travail. Maman et papa coupèrent de grosses pommes rouges et les frères mélangèrent la farine et la beurre.

"This is so much fun!" said Jimmy, mixing the crust ingredients in the large bowl.

– Qu'est-ce qu'on s'amuse ! dit Jimmy, en mélangeant les ingrédients de la pâte dans un grand bol.

"And once it's ready, it will be so delicious," said Mom and put the pie into the oven.

– Et quand elle sera prête, elle sera délicieuse, dit maman en mettant la tarte au four.

"While it's baking, I could read you all a book," said Dad.

– *Pendant qu'elle cuit, je pourrais vous lire un livre, dit papa.*

He settled on the couch with his sons and a large colorful book.

Il s'installa sur le canapé avec ses fils et un grand livre coloré.

"And after this, we could do a puzzle," added the middle brother.

– *Et après ça, on pourra faire un puzzle, ajouta le frère cadet.*

When evening came, the brothers got into their beds and Mom came to give them a goodnight kiss.

Le soir venu, les trois frères se mirent au lit et maman vint les embrasser pour leur souhaiter bonne nuit.

"It was a great day," said Jimmy as Mom covered him with his blanket. "I love autumn."

– C'était une journée géniale, dit Jimmy tandis que sa maman le bordait. J'adore l'automne.

He yawned, closed his eyes and quickly fell asleep, soon to wake up to another orange day.

Il bâilla, ferma les yeux et s'endormit vite, pour se réveiller bientôt dans un nouveau jour orange.

Lightning Source UK Ltd.
Milton Keynes UK
UKHW050646271119
354206UK00003B/122/P